JN439711

자전거 타는 아이들

한국작가 작품선 · 27

자전거 타는 아이들

박병선 시집

한국작가 출판부

시인의 말

구두 소리가 좋은 느낌으로 들려옵니다.
부는 바람도 의미가 있고
시선에 잡히는 풍경도 스토리가 있는 것처럼
미래의 꿈에 가까이 가기 위해
그 동안 많은 시련과 고통 속에서 일궈낸
글을 모아 한 권의 책을 만들었습니다.
좋은 글을 쓰는 것도 중요하지만
무엇보다 인격을 갖춘 문인이 되고 싶습니다.
말보다 실천이 앞서고
늘 겸손하고 배려하는 마음으로
문단의 모든 선생님들과 독자들 앞에 서겠습니다.
문학에 첫 발을 내딛게 지도해 주신 이명우 선생님과
시집이 만들어지기까지 애써 주신 출판사 사장님,
그리고 머릿글을 써 주신 한국문인협회 김건중 부이사장님께
머리 숙여 감사드립니다.

2009. 봄 저자

진솔한 상징성

김 건 중

(소설가 · 한국문인협회 부이사장)

11년 전 이야기다. 서산마루에 노을이 고운 어느 날, 이명우 시인이 시 몇 편을 들고 찾아왔다. 시가 괜찮은 신인인데 등단을 시켜보자는 것이었다.

여간해서 그런 말을 하지 않는 이명우 시인의 말이라 불쑥 내민 작품을 눈여겨보니 등단을 추천할 만했다. 물론, 신인의 작품이라 미흡한 구석이 더러더러 눈에 들어오긴 했지만 그만하면 충분히 시인이 되어도 괜찮겠다는 생각이 들어 마침 관여하고 있던 '지구문학'에 추천을 했다.

지구문학 진을주 선생님께서도 작품을 보더니 흔쾌히 추천하여 박병선 신인은 등단하게 된 것이다. 무엇 때문에 요즘처럼 등단이 쉬운 판에 등단 운운하느냐 하면 박병선 시인은 철저한 작품 검증을 제대로 거쳐 등단할 만한 실력으로 문단에 나왔다는 설명을 하기 위해서다.

박병선 시인의 시를 읽으면 그 진솔함에 빠져들지 않을 수 없다. 그리고 시경적 시선으로 표현했으면서도 진솔한 언어구사로 시를 상징화시키고 있다는 점을 발견할 수 있다. 대저 시경적 시선으로 표현하다 보면 상징성이 감소되고, 수준 높은 시적 완성도는 떨어지기 마련이다. 그러나 박병선 시인의 시는 그러함에도 상징성 있는 시로 변형되는 매력을 지니고 있으니 이는 박병선 시인 특유의 시작법이자 특성이라고 말하고 싶다.

박병선 시인의 대표작이라고 할 수 있는 〈자전거 타는 아이들〉이나 연작시 〈바람〉을 음미하며 읽다보면 앞서 말한 시가 지니고 있는 진솔한 상징성을 깊이 느끼게 된다. 이는 앞으로 박병선 시인이 시인으로서 무한한 가능성을 지니고 있음을 암시하는 부분이기도 하다.

등단한 지 10년을 넘기고 이제서야 첫 시집을 상재한다는 자체만 봐도 박병선 시인이 시작(詩作)에 대해 얼마나 조심스러운 접근을 하고 있는가 하는 점을 알 수 있다. 그러나 이제는 그 조심스러운 행보보다는 좀더 열정을 불태우며 시작활동에 전념했으면 하는 바램이다.

그것은 시인으로서 시를 쓴다는 것은 늘 삶을 성찰하며 그 가운데에서 아름다운 앙금을 길어 올리며 살아간다고 생각하기 때문이다.

이제 박병선 시인은 첫 시집 「자건거 타는 아이들」을 통해 우리에게 시인이 지닌 정서와 아름다운 내면의 세계를 보여주었다고 생각하니 더욱 그렇다.

끝으로 첫 시집 출간의 어려움을 이겨내고 첫 시집을 출간하는 박병선 시인에게 축하와 함께 더욱 정진하여 큰 시인으로 자리하길 기원하고 싶다.

2009. 4

차례

하얀 목련

바람

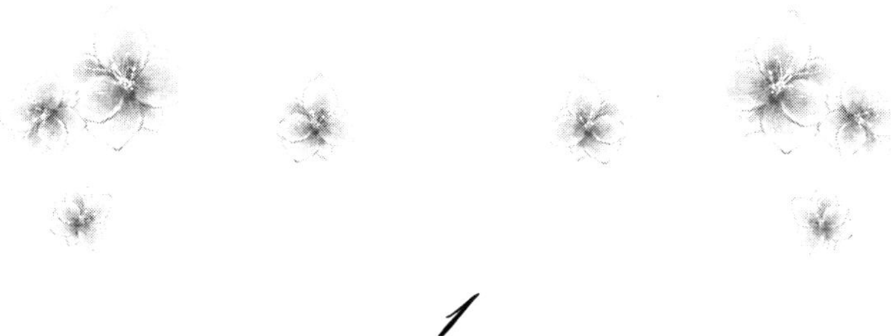

1

산새들의 음악회

자전거 타는 아이들

쉴 곳을 찾아 누운
둥근 두 개의 바퀴를 세운다
페달을 거꾸로 돌리며
어제 감긴 세월을 풀어주고
1단, 2단, 3단 기어를 올린다
힘차게 페달을 밟으며
바람을 문지르니
기어에 감긴 세월이 버거워
잠시 흙을 밟고 선다
기어를 1단으로 내리고 세월을 풀어
파란 하늘 찢어진 흰구름에 맞추니
시계의 초침소리가 바느질을 한다
따르릉 따르릉 초인종 튕기는
손가락이 힘차게 들린다
아이들의 함성 소리가
저녁노을에 향로 불을 켠다

인연이란

마음속 깊이 감추었던 속내
고스란히 우려내
당신을 만나는 날
따뜻한 한 잔의 차로
내밀 수 있었으면 좋겠네

두 눈 살며시 감으면
스치고 지나가는 인연들이
당신을 그립게 하고

인연이란
마음을 비워 버리려 하면
또 하나의 인연 때문에
그리움만 남는다

한라산에 올라

한라산 정상에 오르니
이제 막 잠에서 깨어나
사뿐히 일어서는 안개가
햇발을 끌어다 앉히고

고운 자태로 드러낸 여인이
구름 위에 걸터앉아
다소곳이 치마폭을 펼친다

넓은 세상만큼이나
넉넉한 인심
가득 품에 안고

거센 바람 한 줌 움켜쥔 채
하루방처럼 무거운 삶을
잠시 내려놓는다

노숙자

지하도 한쪽 귀퉁이에
초승달처럼 등을 굽히고
그가 잠을 청한다
시멘트 바닥에 찬 냉기가 올라와
덮고 누워 있는 신문지가
사시나무처럼 떨리고 있다
누가 그를 그렇게 만들었을까
입고 있는 옷에서 오랜 세월의
찌든 때 가루를 뚝뚝 떨구고 있다
지나가던 행인이 건네준 빵조각에
가로등처럼 떨군 고개에
마음이 아프다
얼굴엔 윤기마저 말라 버리고
청보리처럼 까실한 손등에
살아온 여백의 의미들이
회한을 느끼고 있다
추적추적 종일토록
마음속에 비가 내리고 있다

연필

무디어 가는 연필을 보고
세월의 흐름을 알았다

제 살 깎아 내리며
아픔의 고통을
하얀 백지 위에
검은 피로 흘린다

버림받은 그 순간까지

아들을 기다리며

밤 12시가 넘었지만
보이지 않는다

아르바이트를 간다며
아침 일찍 집을 나선 아들

전화를 걸었지만
받을 수 없단다

어둠을 밟고
서 있다

소쩍새가 되어 기다리고 있는
엄마의 마음을 아들은 알고 있을까

보이지 않는 모습이
그리워진다

동반자

꽃들이 쉼없이 피어날 때면
내 안의 당신은
행복을 심어 주었지요

사랑할 날
많지 않다는 걸
왔다 간 흔적은 없어도
사랑했던 마음
가슴에 묻었지요

눈보다 더 깨끗하고
꽃보다 더 향기로운
당신의 미소

언제나
그대 앞에
하얀 풀꽃 한 송이로
서고 싶어요

팔당호

파란 쪽빛 하늘
아침마다 잠을 깬 햇살 안고
피어 오르는 물안개

소리없이 일어서는 은빛 물비늘에
수정처럼 빛나던 몸
삶의 무게 따라 짓누르는 문명의 가시에 찔려
깊어만 가는 상처

썩은 마음의 농도가 짙어만 가는 호수
헹구어 버리질 못해
오늘도 한 키우는 여인
문 열어 놓은 저 바다를 먼 발치로 바라보며 운다

그러는 사이 암은
3기에서 4기로 깊어만 가고
주저앉은 내장을 감내하지 못하는
그 여인은 슬픔의 물무늬로
인생의 현실에 경고문을 새기고 있다

한 그루 나무가 되기 위해

바로 너였구나
작년 이맘 때였지
창 너머 키작은 나무 한 그루
비바람에 흔들리고
세월에 부대끼며
겨우 몇 이파리 피워냈었지
그러던 네가
어느덧
세상을 안다고 내려다볼 만큼
부끄럼 없이 곱게 자랐구나
무작정
달아나기만 하는 세월을 따라
억세게도 기어 오르는
바랭이풀 같은 너의 끈질김
이제는
땅 속 깊이 뿌리내려
널브러진 잎새 위에
바람을 올려 놓고 춤을 추누나

공허

혼자라는 게 싫어 전철을 탔다
혹시나 하고 친구를 만났지만
왠지 낯이 설다
해가 진다
도심지의 밤은 아름다웠다
타락하고 싶은 나의 마음은
갈대를 닮아가고 있었다
가슴 가득 차오르는 외로움을
달랠 길은 많은데
내가 갈 곳은 없었다
가물가물 번져오는 추억에
나는 흔들리고
아무도 간섭하는 이 없는 공간에서
홀로 김삿갓이 되어 간다
쉴 곳 없는 이 땅엔
마음 하나 기댈 곳이 없구나

명상

고요히 앉아 있는 곳에
차는 반쯤 끓어
처음으로 향기가 나고

세월의 굴레를
찻잔에 채워
고독을 씹으며 마시는 한 잔의 커피

아아…

어느새 접어든 중년의 세월
늘어진 거미줄을 밟으며
조심스레 걷는다

지워도 지울 수 없는 세월의 분말들이
문신처럼 선명한 추억으로 남아
생명처럼 숨쉬고 있다

은행잎을 쓸며

긴 장마도 끝이 나고
뜨겁던 태양도 잠들었다

잠자던 갈바람이 일어나
은행나무 가지에 매달린
부채를 흔들고

엿처럼 잘려 나간
지나간 세월이
끈적이며 달라 붙는다

삐걱이는 손수레에
세월을 포개는 아저씨

담배 연기 내뿜으며
긴 한숨 소리에
이마에 지렁이가 길게 눕는다

한 점 마음을 내려놓고

사월 초파일
백팔 개의 염주알을
손에 쥔 채
부처님 앞에 마음을 내려놓는다

이름 석 자 씌어진
내 마음 같은 연등 하나에
불신이 있어

스님의 염불 소리에
목탁이 울고
처마 끝 풍경 소리
고요를 깨뜨린다

모래시계

유리잔 속에 작은 모래알들이
시간을 마시고 있다

한 모금 두 모금
보이지 않는 잔을 기울일 때마다
이제는 지쳐 벗이 되어버린 세월

다투며 쏟아지는 시간들
마음을 도려내
영원의 자리로 옮겨 놓는 모래알

일분 이분 삼분
살아 숨쉬는 유리잔 속에서
알몸 드러낸 시간의 몸뚱이를 잡아본다

방울방울 맺히는 뜨거운 이야기들을

갈대밭

은빛머리 풀어 헤친

벌판에 바람이 부니

한 조각 구름꽃 피어

축제를 열고

보금자리 틀어 놓고

잠시 쉬었다 가는

참새떼 노래에 맞추어

하얀 눈 몇 송이 날리는

갈대가 아름다워라

가을 산

어느새
울타리 넘어
스산한 갈바람 불어
산드란 향기 들 내음새

앞산이 심장을 태우더니
뒷산도 태워
저리도 당돌하게
가을의 청담을 색색으로 화장하는가

연도에는
퇴색된 나뭇잎 떨어져
빈 배처럼 흔들리고

나뭇가지 위에 걸려 있는 고려청자
파란 하늘 바라보며
세월만 꿰매고 있네

소나무 산

푸른 빛을 지닌
저 소나무는 붓으로 솟아
밤이면 별을 그리고
낮이면 구름을 그린다

그 많은 날들
빗자루가 되어
바람을 쓸고 지나간다

침으로 솟은 이파리에
상처 입은 태양도
붉은 피를 흘리며
저녁노을 붉게 물들이고
어둠에 묻히네

산새들의 음악회

뒷산 밤나무 가지 위에서
오케스트라 연주 소리가 들린다

호올-딱 버엇-고
호올-딱 버엇-고
트럼펫 역할을 하는 뻐꾸기

구국구욱 구국구욱
산비둘기 작은 북소리

솥-적다 솥-적다
어머니를 그리는 소쩍새

쑥국쑥국 쑥국새의 노래 소리는
굵고 허스키한 목소리로
남자가 우는 것처럼 들린다

청솔모

종종 걸음으로 내려와
기웃기웃 주위를 살피다
어쩌다 눈 마주치면

긴 꼬리 세우고
나뭇가지 위로 오르는
날개 없는 새

동그란 눈동자
검은 무지개 옷을 입은
너의 마음은 무슨 빛깔일까

도토리, 알밤, 잣송이까지
모두 내것이라며
욕심 많은 청솔모

산책을 하며

이른 아침
다른 세상을 만난 듯
마음까지 솔향기에 물들고

새들이 지저귀고
청솔모가 뛰어 노는
천국의 소리

긴 세월 속에
정다웠던 사이처럼
쌓아 올린 마음의 탑

이름 모를 꽃 한 송이
나를 반기며
울고 있다

추색에 물들다

잘그랑 잘그랑
황옥 금패가
바람에 나부낀다

사륵사륵 사르륵
나뭇잎 지는 소리에
몇 올의 짜투리 햇살 떨어지고

숲의 영령을 흔들어 깨우는
마른 뿌리 보듬어 안고
천 갈래 바람으로 흐르는 늦가을

쇄아쇄아
공중에 지나던 댓바람 소리에
나뭇잎 관절이 서늘하다

압류를 풀다

봄 햇살로 농익은 나무들이
봄옷으로 갈아입는 동안
압류시켰던 겨울을 풀어 놓는다

지나가는 바람 다독이며
파란 하늘빛 빚어
곱게 물들인 세월

서로 다투며
주홍빛 햇살
한 입 베어 물고
잘그랑거리는 초록 나뭇잎

송어의 꿈

바람에 출렁이고
태양에 물들어 낮별이 뜨는
평화로운 바다가 그립다

어쩌다 찢어진 어부 손에 걸려
낯선 육지로 올라와
자그마한 간판이 새겨진
횟집 앞 어항 속에 갇혀
슬픔을 토하고 있을까

친구도 그립고
내 엄마 품이 그리운
마음에 외로움을 떨군다

알록달록 산호초가 빛나고
오색 물고기들이 노니는
바닷속 무지개가 아름다운
내 고향 그리운 바다로
돌아가고 싶다

솔방울

눈물 방울이 하늘에 매달려 있다
내내 푸르러
푸른 이유로 참아야 하는
바람도
허공도
거부하는 자태로 버티고 서 있는
저 서슬 푸른 고집
지나가던 태양이 솔잎 끝에서
비명으로 부서져 내리면
놀란 바람은 저만큼 달아나고
끝내 변하지 못하는 마음 서러워
눈물 방울로 하늘에 떠 있다

아침을 여는 새벽

아직 어둠이 가시기 전
가로수는 어느새 파릇파릇 잎을 피워내고
불빛만이 어둠을 헤집고 나온다

밤새 곱게 갈아 뿌려놓은 구름도
안개로 흐트러져 있고
보석같은 별빛 갈아
진주로 남은 물방울
풀잎에 내려앉았네

흐트러진 안개
빗자루로 솟은 소나무
맑게 쓸어
파란 하늘에 흰구름 만들고

은사시나무 작은 잎새들이
속죄하던 마음 씻어 버리고
햇살을 받아 피어나며
아침을 연다

2

밤의 노래

세상을 그리는 아이들
—봄

봄은 아이들 마음속에서부터 오고
함성 소리에 향기 가득하다
노오란 개나리
연분홍 진달래
하얀 목련이 제 삶을
다할 수 있는 것도
아이들 입김에서 온다
파란 하늘에 흘러가는
낮달의 돛단배를 타고
세상을 지휘하는 아이들
한 올 한 올 엮은 시간을
꽉 휘어잡고
지구를 돌리고 있다
발 뒷굽으로
세월을 들어올리고 있다

세상을 그리는 아이들
— 여름

푸른 바닷빛 닮아
은빛 옥구슬 굴리는
아이들의 눈동자

해맑은 웃음 톡톡 터뜨리며
온 세상을 주홍빛으로 물들이고

낮달이 내어 놓은 길을 따라
새 세상 여행길에
아이들 함성 소리가
나뭇잎 위에 누운 바람
어깨 위에 쌓이고

끝없는 구름밭에서
낮달과 도란도란
이야기꽃 피우며

낮달 찾아온 엄마별 하나
불러주는 자장가 소리에
아기별로 떠올라
새근새근 낮잠을 잔다

세상을 그리는 아이들
—가을

가을을 올려다보는
하늘이 높음에는
아이들의 성장함이 묻어 있다

제 모습 따라 단풍이 물드는 소리에
시계 초침 소리가
높은 산봉우리를 타고
추락하는 꿈을 꾸고

잰 발로
가을을 보내는
아이들 발자국 소리에
낙엽이 운다

바늘로 솟은 솔잎에 찔려
지나가던 낮달의 비명 소리에
갈대밭에서 숨바꼭질하던
참새떼가 세월 위로 날개를 편다

세상을 그리는 아이들
—겨울

땅으로 곤두박질친
바람의 날개를 잡고
세월 위로 날리는 아이

그 뒤를 따라
한 아이가 바람의 꼬리를 묶은
명주실을 길게 풀어준다

자유를 얻은 바람이
아이의 뺨을 치니
동백꽃처럼 붉게 익어
지는 노을마저 아이가 되고

산골 마을 추녀 끝에
거꾸로 매달린 고드름
뚝뚝 떨구던 눈물방울
손에 받던 아이의 마음도
눈물로 떨군다

저녁노을과 함께
굴뚝에서 새어 나오는
솔나무 타는 향내가
아랫목에 와 앉아 있다

어머니 · 1

소쩍새가 우는 밤이면
마루 끝에 앉아
소쩍새가 되시던 어머니

종일토록
품을 떠난
훌쩍 커버린 자식들을 기다리며
먹거리를 품고 있던 그 가슴

어느 사이
머리엔 흰눈이 내리고
이마엔 굵게 파인 계곡뿐

이제 내가 그런 어머니가 되어
마루 끝에 나와 있다

밤이 깊을수록 더욱 커지는
시계 소리를 버무려
어머니 얼굴로 그려 본다

어머니 · 2

다시는 올 수 없는 길이기에
나는 하얀 소복을 입어야 했습니다

한줌의 재만 남기고
슬픈 꽃잎되어
하늘로 올라가는 날

이제는 나눌 수 없는 쌓인 아픔과
내 가슴에 시퍼런 응어리 하나
눈물로 지웁니다

하늘보다 더 큰 구멍 뚫린
당신의 빈자리
지금의 내가 그런 어머니가 되어
채워 드립니다

아버지와 하모니카

오랜 세월 간직해 온
하모니카에
아버지의 마음을 문지른다

고향집 해질 무렵이면
가끔 들려주시던 노래 소리가
닦으면 닦을수록 정겹게 들린다

아버지가 생각날 때면
하모니카에 찍힌
손 마디마디의 지문
향내를 맡는다

하모니카 구멍마다
아버지의 입김이 서려 있다
숨소리가 살아 있다

거미

그 어느 곳이면 어떠랴
쓰러져 가는 외딴집 처마 끝에
삼백 그램의 몸무게로
5.0×1.5=
1, 2, 3, 4, 5, 6, 7…
설계와 계산을 하며
길 없는 길 위에
집을 짓는다

양념딸

노오란 병아리로 보이는
꼬옥 쥐고 싶은
내 양념딸이

집안 가득
웃음꽃을 피운다

너를 따라 보송보송
청포도 송이 알알이
샛바람에 익어가고

하얀 백합 그 세계에서
꿈을 건져내다가
해가 기울면
내 품에 돌아와
따뜻한 정을 먹고 사는
막내딸 무희

딸아이에게

아이야
저 찬란하게 솟아오르는
아침 해가 보이지

잠에서 깨어
촉촉이 젖은
너의 눈동자이구나

신선한 새벽 공기를 마시며
풀섶 이슬에 어리우는 별처럼
파아란 네 모습을 볼 때마다
마음으로 꼬옥 껴안는다

꽃잎 벙그는 봄날 같은
오누이의 주고받는 사랑 같은
향내음 넘치는 들국화 같은
너의 모습을 이 가슴에 차곡차곡 새긴다

고등어를 재며

자판 위에 누워 있는
등 푸르고 물 좋은 놈
고르는 아줌마들 손바닥에서
뱃고동 소리가 들린다

질펀이는 시장 골목
반짝이는 태양 같은 등불 아래서
초점 잃은 고등어의
바다 깊이를 재며

살 오르고 커다란 놈을 골라 놓고
아줌마와 고등어 아저씨가
오백원짜리 동전 하나의
흥정이 오가고

인심 좋은 아저씨
후한 인심 쓰듯 허탈하게 웃고
돈을 건네주는 아줌마 손에서
소금 냄새가 난다

술 익는 마을

주막집
주모 엉덩이에서
술 익은 향내가 풍긴다

논에 물을 대고 돌아오던 순이 아버지도
장에 갔다 돌아오던 덕이와 철이 아버지도

주모의 웃음 소리를
술잔에 채워
인생을 마신다

웃음 소리에 취하고
술잔에 취하고

입씨름 같지 않은 씨름에
막걸리 사발이
마냥 즐겁다

마흔의 술빛 바다

가슴속에 애잔한 향기를 뿌린다
그 무엇으로도 끊을 수 없는 술사랑
술숲 속에 환한 달이 몸을 씻고 나온다

마흔의 술빛 속 바다
한 잔 두 잔
술이 술을 마신다

가슴에 피던 푸른 향기
뚝뚝 떨어져
술잔 속에 어리우고

쓸쓸한 이야기들
눈송이처럼 쌓여갈 때
화르르 숯불인 듯 속가슴 빨갛게
태우던 소주 한 잔

뿔난 송아지 한 마리
풀밭에 풀어 놓는다

바닷가

모래알이 서걱서걱
콧노래를 부르고

파도는 찰싹찰싹
바위를 치며
거문고를 켠다

초가을 댓바람 소리
눈물처럼 뚝뚝 떨어지고

파란 하늘 문이 열려
저벅저벅 구름의
신발들이 걸어오고 있다

태양

나무에 매달려 있는 사과는
꼭지가 있어도
바람만 불어도 떨어지는데

파란 하늘밭에
매달려 있는 사과는
꼭지가 없어도

바람이 부나
세월이 흐르나
주황빛 향기만
세상 가득 채워 주는구나

밤의 향연

시간이 가고
세월이 흐르네
달이 천천히 떠나가네
서쪽을 향해

소쩍새 울음 소리 적막을 깨우고
특별한 향기를 느끼게 하는
개구리 합창 소리에
시와 자연이 만난다

아무도 오가지 않는
안개처럼 흐르는 이 밤
장미꽃 향기 바람에 날아와
빛과 향에 흠뻑 취하게 한다

세월이 흐르면 흐름 속에 외로워지고
바람이 불면 바람결에 그리워지고
소쩍새 울면 울음 소리에 슬퍼지네

멀리 등불 하나로 서 있는 외딴집은
어둠 속에 박혀 있었고
바람은 나뭇가지 끝에 앉아
멀리 투망을 던져
어둠을 끌어내고 있다

산골의 밤

늦도록 개구리 울음 소리는
그치지 않았다
물감이 번지듯
어둠은 온 세상을 메우고
까맣게 타버린
하늘 도화지엔
별빛만이 반짝이고 있었다
간혹 바람이 문을 열다 들켜도
훔쳐갈 것 하나 없는 시골 외딴집
다정한 마음으로
별을 헤던 막내딸 아이는
희망 하나 크게 걸어 놓고
아무일 없었던 것처럼
곤한 잠에 빠진다

밤의 노래

어둠 속 하늘을 무대삼아
개구리들의 재롱잔치를 연다
엄마 개구리는 큰 별로 뜨고
아기 개구리는 작은 별로 떠
3분의 2박자 콩나물 음표에 맞춰
노래를 한다
자연이 품어내는 향기를
반주삼아
배불떼기 달님은
무대 앞에 서서
바람을 쥐고 지휘를 하니
관객이던 산너머 골짜기
뻐꾸기도 노래를 부른다

산사의 밤

하루 해가
저녁노을에 향촛불 켜 놓고
서산을 넘어갈 때
세월도 함께 떠났다

노을빛 그리도 곱고 고와
사진 속에 담아 놓은 채
산사에 울려 퍼지는
목탁 소리에 벗이 되고

산새들도 고히 잠든
산사의 밤은
적막만 흐르는구나

바람이 몰려와
처마 끝에 매달린
풍경 소리를 그리니
텅 빈 가슴이 젖어든다

불면의 밤

새벽 4시 58분
잠이 오지 않는다
소리없이 일어서는 새벽이
왠지 달갑지 않다
어둠 속에서 두 눈을 꼭 감는다
무슨 잡념이 그리 떠오르는지
감추어 둔 혈기가 슬슬 일어선다
촛불을 켜 놓으니
제 몸에 불사르며 녹아내리는
촛물에 마음이 아프다
짹각짹각 시계 초침 소리가
내 마음을 달래며
손끝에서 놀고 있다
질투처럼 끼워놓은 듯한
긴 터널 같은 불면의 밤
나뭇가지를 흔드는 바람이
내 야윈 가슴에 와 닿는다

꿈

내 꿈은
내 꿈은
일곱 빛깔 무지개

빨강색 꿈은 장미꽃으로 피우고
주황빛은 낮달을 그리니
노랑색은 들판을 칠한다

초록은 부채처럼 바람을 주는
나뭇잎으로 돋고
파랑색은 하늘의 물감을 칠한다

남색빛은 바다를 만들어
보라색은 일곱 빛깔 꿈을 담아

낮에는 구름으로
밤에는 별빛으로
가득한 내 꿈

달력 속의 여인

고운 대발이 걸려 있는
마루 끝에 앉아

부채를 흔드는
모시 적삼 속의 여인은

화려하지도 향기롭지도 않은
낮달처럼 평화롭게
바람을 흔든다

붓처럼 솟은
하늘빛을 닮은 풀들이
바람에 나부끼며

사각사각 속삭이는 소리

그 소리는
어릴 적 엄마에
분 냄새를 풍긴다

가을 낙엽

나무가 서럽게
울고 있다
온몸으로

나뒹굴고 있는
잎새들의 모습
처연해 보이고

덩달아
내 마음까지
서러워짐을 어찌할까

사는 것은 아픈 것인지
바람에 날리는 낙엽들
계속되는 삶의 노래들인가
유한의 세월을 바라볼 뿐이러니

지는 해

전신주 하나 기울며
하늘 끝자락에 펼친 노을은
붉은 사과빛 향내를 쏟아냈다

넘치는 향내는
산 언덕을 넘어
까만 꿈을 태우고

깊고 고요한 밤은
소쩍새 울음소리 끌어다
웃는 보름달을 그리고 있다

이른 아침

나뭇잎 어깨에
누운 바람을 깨우며
길을 걷는다

나무가 가리키는
손끝 저쪽에는
솔새들이 노래 부르며
밝은 공기를 토해내고 있고

해 뜨는 앞산
새 우는 뒷산
그리움 베어낸 하늘
바람이 불 때마다 출렁이는 나뭇잎
이 모두가 동행자였다

아른거리는
청아한 황금빛 달처럼
한없이 깊은
사랑 속으로 빠져들게 하고

해맑은 아침
손가락으로 햇살을
톡
터뜨리면서…

3

하얀 목련

무지개 떡

엄마가 사 오신
떡 속에 무지개가
떠 있다

떡은 먹고
무지개는 하늘에
얹어 놓으니

비 오고 난 뒤
햇살 좋은 날이면
언제나 그 자리에 뜬다

종이학

유리병 속에
천 마리의 종이학이
모여 산다

날개를 접었다 폈다
하늘을 나르는
연습 중이다

넓은 세상으로
보내고픈 마음에
유리병 뚜껑을 열었지만

비오는 날
비에 젖어 죽을까
종이학 마음만 날려 보낸다

고추밭 풍경

주렁주렁
거꾸로 매달린
붉은 고추는
넓은 들판에 꽃송이

슬픔의 고통을 안고
천년 리듬으로
고요를 깨뜨리는
시골 풍경 소리

햇살을 버무려
익어가는 천만 송이 꽃
여인의 자태를 불사르는
태양은 하늘의 예술가

코스모스

갈바람은 내내
조각구름을 타고
하늘 공원을 거닐고

가을이 좋아하는
코스모스 꽃들은
낮달이 내어놓은
길을 따라 한없이 피었다

거미줄처럼 찢겨진
초록 이파리에
옷을 걸친 채

바람에 흔들리고
세월 위에 물든
꽃향기 속에서
가을은 그렇게 익어가고 있다

산딸나무 꽃

낡은 삭신 너플너플
구절초처럼 흔들리던
밤하늘의 별들이

밤새 가슴앓이로
까만 밤을 지새더니
이른 아침 산딸나무 위에 별로 떴네

초록 잎새 위에
은하수보다 더 많은
별꽃이 촘촘이 내려앉아

이슬에 목을 축이며
햇살 부끄러워
가련한 별꽃으로 피었네

한 송이 들꽃이고 싶다

바람에 흔들리고
비에 젖는다 해도
낮에는 낮달을 벗삼고
밤이면 별들과 속삭이는
나는 한 송이 들꽃이고 싶어라

보아주는 이 없고
사랑해 주는 이 없어도
사르륵 사르륵
저녁노을 지는 풍경 소리 들으며

이 우주에 한 점
지워질 듯 지워질 듯
찍혀 있다 해도
나는 한 송이 들꽃이고 싶다

세월 위에 핀 꽃

꽃망울 위에 바람이 스친다
한 봉오리가 아프게 터졌다
순간 햇빛 속에 졸고 있던
풍경이 쨍그랑 울렸다

햇빛
흙
바람이
포개지는 한 순간
비밀을 풀어
꽃망울 터지는 소리가 들린다

붉은 혓바닥으로
내 마음 마구 핥아
꽃 속으로 들어오라 한다

파르르 붉은 입술 열면
빠알간 불꽃이 켜지고
바람 꽃바람으로
깨끗한 삶의
그물 엮는다

하얀 목련

산들산들 부는 바람이
빠끔히 내민 봉오리를 열고
비밀을 풀어 내어요

파란 꿈도 있네요
하얀 내 마음도 가득 찼어요
거짓없는 흙내음도 춤을 추어요

그러다가
하나 둘 비밀을 풀어
하늬바람 우표 붙여
맑은 하늘 흰구름 켠에 띄웁니다

떨어진 꽃잎 밟고 지나가는 4월
푸른 이파리 속살 드러내며
세상을 헤집고 나오네요

꽃, 고통

속 깊이 곪은 상처
허공으로 꽃대를 밀어 올리며
고통 속에서 꽃을 피우려 하네

바람은 꽃나무 잡고
입 안 가득 고인 향기를
온 세상에 뿌리며

내 그리움마저 가져다
꽃술로 얹어 놓고
아픔의 상처를 꽃으로 피우네

국화꽃

피어라
환한 네 모습이 그립구나
얼마나 기다리고 기다리던 날인가

밤낮으로 고통 속에서 헤매더니
목화솜 같이 하얀
웃음을 웃고 있구나

하이얀 꽃잎이 피려고
오고가는 바람 속에 지새던 나날들
그렇게 그렇게도 여리던 네가

간밤에 내린 무서리에
더 이상 견딜 수 없어
곪아터진 모습이
이렇게 곱게곱게 필 줄이야

코끝에서 느끼는
국화꽃 향기가
내 가슴을 설레이게 하네

봄날은

노랗고 진분홍빛으로
물들인 4월은
걷기 좋아하는 여자의 것

저만치서
그대의 향내음 따라
간질간질한 봄 햇살
꽃잎 속에 숨어
그저 웃고 있을 뿐이지

가슴 한 귀퉁이를
순수로 비워 두고
나만의 봄빛 사랑을
채우는 계절

세월의 꼬리를 물고
흘러가는 계절 따라
바람도 흔적 없이
불고 불듯이

아니야
봄날은 고독을 사랑하는
불덩이처럼 가슴 태우며
황금처럼 변하지 않는
남자의 것이기도 하지

박꽃

작은 씨앗 하나에도
생명이 있어
땅속 깊이 뿌리내린 박씨 한 알
속내를 드러낸다

이 한 몸 부지런히
뻗어나가 초록 옷에
하얀 베레모를 쓴 그를
돌담길 담장에서 만났다

담벼락에 외로움을 휘감으며
포옹을 하고 있던 그는
남몰래 가을을 부르고 있었다

낮달은 아는지 모르는지
하얀 베레모에
뺨을 비비며
이별이 아쉬워
시간만 꿰매고 있다

들국화 연가

오랜 세월 찾아온 그리움
현란한 갈빛 노화
은빛 날개 퍼덕이며
노오란 고개 들어 가을을 고백하고 있다

갈 볕이 내려앉은 뜰 가득
꽃망울 터지는 소리
연녹색 치마폭에
즐거이 춤을 추고 있다

밤이면 남몰래
생각을 풀어
희망을 줍는
가을을 지고 가는 꽃
세월을 타고 가는 꽃

채송화

우리집 작은 뜰 밖
화단엔 키가 큰
봉숭아꽃 나무가 있다

하늘이 파아란 물을 품어 내고부터
나무 그늘 밑 어둠 속에 스며들어
초록빛 어린 새싹이 살며시
얼굴을 내밀었다

잎과 이파리 사이로
햇살을 받으며
시뻘건 핏멍을 터트리며
활짝 웃는다

홀로 노오란 꽃잎을 피운
채송화는 가지마다
양팔 벌려 새끼를 안고
외로움을 잊고 산다

나팔꽃

수줍어
남몰래 담장 밑에 숨어
화산처럼 폭발하는 생명

언젠가
담벼락에 붙어
생명을 키워내기 시작했고

뜨겁게 타오르는 열정을
세월 위에 토해내
나팔꽃으로 피우고

실바람에도 흔들리는
수많은 사연들

아침이면 태양을 보며
활짝 웃었다
밤이면 달님을 보고
수줍어 고개 숙인다

오월의 장미

가지마다 푸른 잎새를 달고
바람을 일으켜
붉은 꽃을 피워내고

터져버린 풍선처럼
지나간 세월 속에서
가슴앓이로 돋아난 가시

외진 길가에
세워둔 낮달이
가시에 찔려 바람처럼 흩어져
온 세상을 주황색으로 물들인다

매화꽃 · 1

봄 햇살에
여기저기서 팡팡
폭죽을 터뜨린다

붓으로 솟은 솔잎이
파란 하늘 흰구름 찍어
매화나무 그린
앙증스런 꽃들의 화관

우윳빛 고운 살결
바람에 떨리는 시간을 삭혀가는
너를…

매화꽃 · 2

바람 부는 어느 날

삼페인처럼 터진
봄 햇살에 익어
보름달 같은 미소를 짓네

내 아내가
좋아하는 저 꽃이
내 아내를
바라보고 웃고 있네

풍경 소리를 내며
잘그랑 잘그랑 춤을 추네

찔레꽃 · 1

일회용 햇살에 익어
하얗게 곪아터진 꽃봉오리

세월을 잘근잘근 씹으며
세상에 부러울 것 없는
한 가족이 모여
잘그랑 잘그랑 풍경 소리를 내고 있다

붓으로 솟은 풀잎은
찔레나무 앞에 서성이다
꽃술을 마구 핥아
파란 하늘 흰구름 그려 넣고

살랑살랑 부는 녹색 바람은
초록 잎새 위에 앉아 그네를 탄다

찔레꽃 · 2

봄빛이 마려워
성급하게 핀 찔레꽃

초록 잎사귀 집을 짓고
한 가족이 모여
뱅뱅뱅 술래잡기하네

향내 진동해 오고
빛무리 하얗게 쏟아지는 오월

아직 잠에서 덜 깬 꽃 한 송이
꼬무락꼬무락 배내짓하며
구름이불 덮고 샛잠 자고 있다

산수유

입 안 가득
노란 물 베어 물고
어린 바람 다독이며
풀어놓은 노오란 병아리

삐악삐악
꽃 숭어리에 앉아
금분을 쪼으며
쟁글쟁글 수다가 영글고 있다

바라보는 내 마음도
병아리가 되어
꽃술 입에 물고
하늘 한 번 쳐다보고

노오란 꽃향기
고운 체에 받쳐
파란 하늘 벌판에
낮달의 인감도장을 찍는다

사랑초

속살거리는 미소로
하늘 들녘에 핀 꽃송이
백지 같은 하얀 마음으로
화신 속에 별이 뜬다

행여
그대가 날 버릴지라도

나는 그대를
가슴속 깊은 곳에
고이 간직하리라

고운 봄길 위에 무지개꿈 뿌리며

어느 날 텅빈 가슴에
봄이 오는 소리를 들었지
소리없이 내리는 봄비를 맞으며

시간이 흔적을 남기고
세월에 내려앉은 빛깔들
가슴으로 불어오는 바람

봄이 오는 불길을 살라
살포시 얼굴을 내민 냉이는
수줍음 감추지 못해
파아란 하늘빛을 닮아가고 있었지

겨우내 보듬었던 무지개의 꿈을
있는 듯 없는 듯 피어 있는
은은하게 풍기는 향기를 솔바람으로 갈아
고운 봄길 위에 뿌려야지

움추린 가슴속에 남몰래
밤하늘에 핀 보름달을
슬쩍 따다 내 품에 안으련다

슬픔 속의 미소

숨결마다 삶이 어두운
낯선 아이들의 슬픈 흔적
낮달처럼 둥근 눈동자엔
슬픔의 알갱이들이 스멀거리고
호롱불빛 같은 햇살을 짓이기며
맨발로 들어 올리고 있다
뿌옇게 제 자리를 떠나는 먼지들
제3기로 퍼진 암 덩어리가
땅 속 깊이 스며들어
지하수를 타고 흐르는 황톳물은
아이들의 생명을 위협하고
이미 병들어 높이 떠 있는 하늘은
드문드문 빛을 잃었다
요동치는 세월 위에 서 있는 아이들
어지럼증에 시달리고
부족한 환경의 긴 한숨소리가
1달러를 노래한다
길게 꼬리를 물고 어룽거리는 눈물 자국
아이들 입에서 사각사각
마른잎 구르는 소리가 들린다

3월의 봄

아직은 이른 듯한데
물오른 버들강아지 끝에서
봄을 읽는다

언덕 위에 부는 바람은
꽃향기 실어 나르고

하늘 높이 떠 있는 햇살 위에
피어오르는 빛깔처럼
그렇게 봄은 오고 있었다

어느 귀퉁이 하나
때 탄 곳 없는 3월은

빈 손바닥에 올라앉아
종알종알
봄을 읽는다

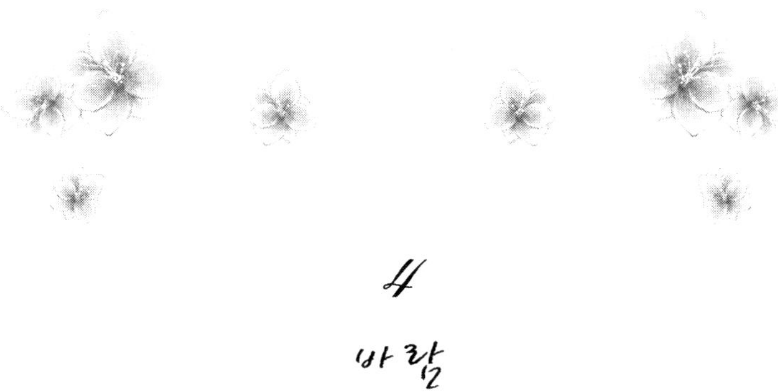

4

바람

바람 · 1

그렇게 아파서
그렇게도 슬퍼서
나뭇가지 끝에 앉아
우는 바람

환희거나
아픔이거나
웃음으로 풀어내며
신명의 춤으로 일어서는 바람

숨바꼭질하며
익살을 떠는
부드러운 바람이
감미롭게 흔들린다

허공을 방황하다가
머언 영원을 향해
자꾸 가야만 하는 바람

바람 · 2

어이 할거나
마른 바람 한 점
빈 하늘에 꽂아 놓고
길가에 버려진 바람의 영혼

저렇게 웃고 있는
바람 속에는
무엇이 있을까

오미자 술처럼 익어가는
이슥한 속삭임 같은 게 있겠지

언제나
웃음으로 말하지

지금 막 조율을 마치고
당신의 손길을 기다리는
황홀 바로 그런 환희라고

바람 · 3

세월의 두께로
덜컥거리며
새벽길 열어 주고

시커먼 먹물을 삼키고
바람을 엮어
집과 그리고 들판
길을 만든다

크나 큰
희열을 날리고
달콤한 꿈을 색칠하는
찬란한 날개짓 바람

바람 · 4

한 계절을 보내려다
또 한 계절을
몰고 오는 바람

실오라기처럼
가늘게 피어나
따뜻한 미소가 머무는 곳으로

풍선처럼
가슴 부풀려 놓고 사라졌다
또 하나의 풍선을
부풀려 돌아오는 바람

늘 푸른 바람으로 서서
세월을 맞으며
살아야 한다는 것을

바람 · 5

거센 파도에 밀려
바위에 부딪치면
바람은 말없이
싸늘하게 부서져 내린다

세상을 흔들어 놓으니
시인이 노래하고

바람은
멀리 달려온 바람은
노을에 젖어 웃는다
그냥 말없이 웃는다

바람이 불 때마다
주름진 어머니 얼굴에
더 깊이 골이 패이고

인적 없는 산비탈에
외로이 핀 야생화 한 송이
향기나 빛깔로 표현할 수 없어
바람에게 속삭이네

피어 있는 동안
그냥 날 내버려 두라고

바람 · 6

바람은 저녁을 다듬어
어둠을 낳고

강가에 뒹굴고
하늘가를 맴돌던 바람은
오렌지 빛을 닮은
보름달을 엮었다

밤이슬 맺힌 어슬렁 걸어 나와
자신에게도 짐이 되는
무거운 몸뚱이 뒤흔드는
그대 이름은 바람이던가

바람 · 7

향기 속에서
빛깔 속에서
소리 속에서
단맛나는 첫사랑으로
만나는 바람

성난 꽃들을 하얗게 울리며
거리로 쏟아져 내린 햇살 틈으로
불꽃처럼 튀어 오르는 바람

하얀 백합꽃의 속내를 훔쳐보며
깨진 보도블록 사이로
생명의 코를 박으며
사라지는 바람

바람 · 8

꽃샘바람이 심술을 부리고
시샘을 하여도
땅속에선
노란 이야기꽃 피우려
들썩이는 개나리

숲속 빈 터
그늘진 협곡에서 잠을 자던
한 줄기 바람이
잠에서 깨어난 듯
봄 햇살 가득한 들판으로 몰려들었다

태양의 그림자처럼
잎새 위에 누운 꽃잎처럼
꽃잎 위에 앉은 바람이
빛과 향기에 뒤엉킨 채
춤을 추고 있다

바람 · 9

오선지 위에
흙빛
물빛
색을 입히는 바람

반짝이는 세상을
낚아 올려
거친 숨 몰아쉬며
한 발 한 발 내딛는 바람

구름이 떠다니는 가파른 고개에서
짐수레 바퀴 속
물컹한 바람이
무거운 세상을 밀고 있었다

억새밭
언덕길을 걸으며
갈바람 속삭임의
소리를 듣는다

바람 · 10

가을 빛을 무던히도
쫓아다니던 바람

마지막 한 장의 잎새까지
붉게 물들이고
가을 끝자락에 머문 바람

쫓기는 듯 달려와
낙엽과 함께
그렇게 불타 버리고 싶었는지

오늘도
그리움에 젖어
계절의 설움만 꿰매고 있다

바람 · 11

빈 가슴 출렁이도록
부는 바람

세상을 에워싼 바람은
가슴을 파고드는
살아온 날의 아픔을 도려내
흔들리는 만큼 상처가 깊었다

세월이 돌아와
가슴으로 보듬는
바람의 층계

바람 · 12

안기는 듯 기대 서서
보듬는 듯 붙잡고서
한 발 한 발 내딛는 바람

녹슨 철조망을 타고 기어오른
넝쿨장미 이파리에 앉은
바람이 흔들리고 있었다

화들짝 피어
눈물만 뚝뚝 떨구며
가는 세월 원망하는 꽃잎을
보듬어 주는 바람

이제 마지막 길을 가야 하는
젖은 꽃잎이 너무 무거워
바람의 등에 매달려
끝없이 흔들리고 있다

바람 · 13

버린 것도 아닌데
버려진 것도 아닌데
빈 들녘에 서서
방황하는 바람

날마다 죽고 사는 연습으로
어디론가 달려갔다
숨차게 쫓겨오는 바람

하늘
산
바다
모두가 한 몸인 것을

서로의 닮은꼴을
한 빛깔로 빛을 내는
그 위로 지나가는
욕망의 바람

바람 · 14

바람은
갈대숲을 지나며
온몸으로 울고 있다

연신 햇살 부딪치는
바람 소리가
찰랑거리며 걸어가고

시냇물 소리에
그리움 되어
가슴으로 찾아드는
한 자락의 바람

바람 · 15

강가를 찰랑거리며
걸어가고 있을 때
바람은 햇살에 부딪쳐
풍경 소리로 들렸다

슬그머니 나뭇잎 뒤로
몸을 숨겼지만
태양이 그리워
빛의 유혹을 따라 나선 바람

피도 살점도 아닌
손끝에 만져지는 아픔의 덩어리
슬며시
꼬리를 내리고 머리를 터는 바람

바람 · 16

잿빛 바람이
겨울 우듬지를 휘감아 물고
먼지 날리는
빈 들녘을 바라보고 있다

바람 부는 외딴길
벗은 상수리나무 아래
동그마니 앉았던 햇살 한 조각
건드리며 흩어지는 바람

내 눈 속으로 뛰어들더니
끝내는
한 방울의 눈물로 녹아내릴 것을

바람 · 17

노을 한 필
산등성이에 걸쳐 놓고
돌아선 바람

언덕을 넘어
환하게 몰아치는
아카시아 웃음에 녹아
한 줌 그리움이 되었네

세월의 지친 바람은
연초록 향기를 걸러 마시며
살팍하게 물살 올리고
오렌지 같은 보름달을 낳고 있다

바람 · 18

나무는
바람을 흔들고 있었다

정자나무 아래서
농부의 어깨에 얹힌
시큰한 땀방울
말갛게 헹구어 내며

훈훈한 숨결
새콤달콤한 이야기 뿌리며
내 마음 쏟아 붓는다

저만치 끼리끼리
춤사위로 어우르던
바람 몇 줄기 달려와
흘려버린 시간의 마디마디
추억을 쌓아 올린다

바람 · 19

꿈꾸는 나무들의 눈빛을 거두어
숲은 잠에서 깨어
가지마다 흔들리는 바람

아무것도 두렵지 않아
하얀 웃음으로 퍼득이던
마른 꽃잎의 날개짓
언제나 혼자 바라보았지

바람은 새로운 것을 잉태하기 위해
차분한 준비를 하며
그토록 놓을 수 없었던 세월을
하루 이틀 버리고 있었다

바람 · 20

바람은 슬렁거린다
나를 부른다

푸르름은 춤을 추고
메아리로 사라져 가는
바람 소리 들으며

잘 익은 오렌지 같은
낮달이 걸려 있는 들녘에 서서

작은 산새들이
빛을 몰고 날아오면
바람은 계절을 몰고 사라진다

바람 · 21

그 어느 곳이면 어떠랴
쉴 곳 찾아 나선 바람

억새 꽃대가 하얗게 일렁이는
강가를 찾았지만
노래하는 참새 등살에
길을 떠나야 했다

나뭇가지 위에서
멋진 추락 꿈꾸던 바람은

얇게 빚은 청보리빛 햇살
행길 위에 상채기난 아픔
묻어둔 채 떠났다
메아리 되어 다시 돌아오네

바람 · 22

신선한 바람이 이는 들녘엔
솔새 꽃처럼 늘어진 오후

매캐한 냄새 풍기는
판자집 구석진 곳에서
사랑의 웃음꽃 피우네

불다 불다 지친 바람은
하루의 시작과 끝 속에서

삶을 지배하는 배고픔과
눈을 뜨면 찾아올 아쉬움까지
모두가 공허한 바람의 몸짓들

바람 · 23

잡을 수도
잡히지도 않는 바람

오늘도 어김없이
바람을 잡으려
허황된 모험을 시작한다

하얀 배꽃 춤추는 거리
바람에 패여
일렁이는 몸살

쌓여진 세월 속에
살갗으로 젖어오는 그리움의
기다림은 깊어만 가는데

바람 · 24

파아란 바람이 분다

산골마다 들락거리던

시원스레 맛깔 좋은 바람 소리

세월의 밀리는 바람

바람 따라 흐르는 세월

세월 따라 왔다

세월 따라 가는 바람

화사한 빛살에 끌려

발길 닿는 대로

바람은 즐기고 있다

한국작가 작품선 · 27 박병선 시집

자전거 타는 아이들

초판1쇄 인쇄 · 2009년 4월 20일
초판1쇄 발행 · 2009년 4월 25일

지은이 · 박병선
펴낸이 · 윤영희

펴낸곳 · 한국작가출판부 동행
등록번호 · 제2-4991호

주소 · 서울시 중구 을지로 3가 302-18
편집부 · (02) 2285-0711
영업부 · (02) 338-2734
팩　스 · (02) 338-2722
이메일 · gongamsa@hanmail.net

값 8,000원

ISBN 978-89-962140-3-8 03810